www.editions-mango.com

Frédéric Chesneau / L'Atelier de Fred
Photos : Bernhard Winkelmann

Craquez pour le pain grillé !

30 recettes de tartines sucrées et salées

MANGO

Sommaire

p'tit déj

sur le pouce

déj'

tea time

apéro

dîner

L'ATELIER

Préface

« C'est vrai. Je l'avoue. Je suis accro au pain grillé. »

Tout petit déjà, je vouais une passion aux tranches de pain grillé Pelletier. Elles trônaient immanquablement sur la table du petit-déjeuner. Je me souviens encore du plaisir que j'éprouvais à tartiner méthodiquement mon pain grillé de beurre salé pour ensuite le tremper dans un bol de chocolat brûlant. J'attendais quelques secondes que le bout s'imbibe (pas trop parce que le beurre commençait à fondre !) pour croquer à pleines dents dans ce condensé de bonheur simple.

Trente ans plus tard, cette « tartine de Proust » fait toujours partie de mon quotidien. D'ailleurs depuis, la tranche de pain grillé a fait des petits : blé complet, 6 céréales, sésame, toast brioché… Le pain grillé ponctue désormais tous les instants gourmands de ma journée : p'tit déj, sur le pouce, déj, tea time, apéro et dîner. Je vous livre ici 30 de mes recettes de tartines en harmonie avec les valeurs qui ont fait le succès de l'Atelier de Fred, mon école de cuisine : simplicité, rapidité, élégance et surtout… plaisir à partager !

Alors, craquez pour le pain grillé !

Amicalement,

Fred

Pain pas perdu pour tout le monde

« Un classique de nos grands-mères :
c'est tellement bon que vos enfants vous en seront reconnaissants à vie ! »

TEMPS DE PRÉPARATION :
5 minutes

TEMPS DE CUISSON :
8 minutes

INGRÉDIENTS POUR 4 PERSONNES :

8 toasts briochés aux raisins Pelletier
2 œufs entiers
2 jaunes d'œufs
1/2 cuillerée à café
de cardamome blanche en poudre
20 cl de lait entier
50 g de sucre en poudre
20 g de beurre

- Battez les œufs avec le lait, la cardamome et le sucre.
- Faites tremper les toasts 5 minutes dans cette préparation (commencez par le fond puis retournez-les à mi-temps).
- Dans une poêle antiadhésive, faites fondre 10 g de beurre à feu moyen.
- Dès que le beurre « chante », poêlez 4 toasts 2 minutes de chaque côté.
- Renouvelez l'opération avec les autres toasts et le reste de beurre.
- Accompagnez d'une confiture aux fruits rouges.

Le plus de Fred

Pour un pain perdu plus croustillant, enfournez les toasts, après leur cuisson, 8 minutes dans un four préchauffé à 180 °C (th. 6).

Tartine regressive

« Une pâte à tartiner au chocolat et aux noisettes " home made ", comme quand on était petit… Le gloubiboulga de Casimir n'a qu'à bien se tenir. »

Temps de préparation :
5 minutes

Temps de cuisson :
5 minutes

Ingrédients pour 4 personnes :

8 tranches de pain grillé Pelletier à la farine de froment
100 g de chocolat noir à pâtisser
3 cuillerées à soupe bombées de poudre de noisettes
3 cuillerées à soupe de lait entier
3 cuillerées à soupe bombées de sucre en poudre
125 g de margarine

- Dans une casserole, faites fondre le chocolat à feu très doux.
- Versez-le dans le bol d'un mixeur avec le reste des ingrédients.
- Mixez pendant 3 minutes.
- Tartinez sans culpabilité…

Le plus de Fred

Vous pouvez conserver cette pâte à tartiner 4 jours au réfrigérateur. Dans ce cas, pour tartiner plus facilement les tranches de pain grillé, prenez soin de sortir le pot 30 minutes avant son utilisation.

Comme à Londres

« Œufs brouillés, bacon et poêlée de champignons… Un brunch comme si vous y étiez ! »

Temps de préparation :
15 minutes

Temps de cuisson :
15 minutes

Ingrédients pour 4 personnes :

4 tranches de pain grillé Pelletier à la farine de blé complet
8 tranches de bacon ou lard fumé

Pour les œufs brouillés

6 œufs
1 cuillerée à soupe bombée de ciboulette ciselée
10 cl de crème liquide entière
40 g de beurre
Sel et poivre

Pour la poêlée de champignons

400 g de petits champignons de Paris
2 cuillerées à soupe bombées de persil haché
2 cuillerées à soupe d'huile d'olive

- Dans une poêle antiadhésive, faites griller les tranches de bacon 1 minute de chaque côté à feu vif, puis réservez-les.
- Dans une sauteuse, faites dégorger les champignons à feu vif jusqu'à évaporation de leur eau. Arrosez-les d'huile d'olive et laissez-les dorer 2 minutes.
- Coupez le feu et ajoutez le persil. Salez, poivrez et mélangez.
- Faites fondre le beurre au bain-marie dans un petit saladier. Ajoutez les œufs et battez-les rapidement à la fourchette.
- Laissez cuire au bain-marie en remuant sans cesse à l'aide d'une spatule en bois, jusqu'à l'obtention d'un mélange crémeux.
- Hors du feu, incorporez la crème liquide et la ciboulette. Salez, poivrez et mélangez bien.
- Dressez harmonieusement sur les tranches de pain grillé et servez aussitôt.

Le plus de Fred

Pour éviter que toute la maison empeste le bacon grillé, il faut cuire le bacon longtemps dans un four pas trop chaud. Idéal : la veille au soir, placez les tranches de bacon dans le four et programmez-le pour 2 heures de cuisson à 90 °C (th. 3). Bacon croustillant garanti de bon matin !

Réveil à la grecque

«Un ciel bleu azur, une mer turquoise, une petite cabane de pêcheur…
Ne cherchez plus, le bonheur existe au saut du lit ! »

TEMPS DE PRÉPARATION :
5 minutes

SANS CUISSON

INGRÉDIENTS POUR 4 PERSONNES :

4 tranches de pain grillé Pelletier
à la farine de froment
400 g de yaourt à la grecque
4 nectarines
1 barquette de framboises
1 poignée de pistaches concassées
4 cuillerées à soupe bombées
de miel liquide

- Tartinez les tranches de pain grillé de yaourt.
- Coupez les nectarines en tranches fines et répartissez-les sur le yaourt.
- Disposez les framboises dessus.
- Décorez de pistaches, arrosez de miel et dégustez aussitôt.

Le plus de Fred

À défaut de yaourt à la grecque, optez pour un fromage blanc à 40 % de matières grasses.

Croc' hawaïen

« Un détour de bon matin dans le Pacifique ! Voici la version ensoleillée d'un croque pas comme les autres. »

TEMPS DE PRÉPARATION :
10 minutes

TEMPS DE CUISSON :
4 minutes

INGRÉDIENTS POUR 4 PERSONNES :

4 tranches de pain grillé Pelletier à la farine de froment
8 tranches fines de jambon blanc
1 ananas frais
80 g de comté râpé
20 g de beurre
Sel et poivre

- Préchauffez le four en position gril.
- Faites fondre le beurre dans une petite casserole.
- À l'aide d'un pinceau trempé dans l'eau, humidifiez les bords des tartines pour qu'elles ne brûlent pas, puis badigeonnez le centre de beurre fondu.
- Coupez l'ananas en petits dés.
- Détaillez le jambon en lamelles de 2 cm de largeur et répartissez-les sur les tranches de pain grillé.
- Recouvrez de dés d'ananas et parsemez de comté.
- Faites gratiner les tartines sous le gril du four.
- Salez, poivrez et servez sans attendre.

Le plus de Fred

Certes, ce sera moins bon, mais des ananas en conserve conviendront également. Pour rendre le tout encore plus « rock'n'roll », ajoutez au tout dernier moment sur les tartines un pesto « roquette - noisettes » : mixez 1 grosse poignée de roquette avec 1 poignée de noisettes et 3 cuillerées à soupe d'huile d'olive, puis salez et poivrez. Ce pesto « pas comme les autres » se conserve 1 semaine au réfrigérateur et s'accommode aussi à merveille avec des pâtes…

Pan con tomate

« Sous les oliviers andalous : prenez le rythme espagnol, comme à Séville… »

TEMPS DE PRÉPARATION :
15 minutes

TEMPS DE CUISSON :
10 minutes

INGRÉDIENTS POUR 4 PERSONNES :

4 tranches de pain grillé Pelletier à la farine de froment
200 g de jambon espagnol Patta negra Bellota-Bellota coupé en tranches très fines
8 tomates
2 gousses d'ail
8 cuillerées à café d'huile d'olive
Sel et poivre

- Faites bouillir de l'eau dans une grande casserole.
- Retirez le pédoncule des tomates et faites une incision en croix de l'autre côté.
- Mettez-les 10 secondes dans l'eau bouillante, puis plongez-les dans l'eau froide afin d'arrêter la cuisson. Égouttez-les.
- Pelez les tomates, épépinez-les et taillez la chair en petits dés.
- Frottez chaque tranche de pain grillé avec 1/2 gousse d'ail et arrosez-les chacune de 1 cuillerée à café d'huile d'olive.
- Parsemez les tartines de dés de tomates.
- Arrosez du reste d'huile d'olive, salez et poivrez.
- Formez des petits rouleaux avec les tranches de jambon et disposez-les dessus.
- Régalez-vous !

Le plus de Fred

Le jambon de Parme peut également faire l'affaire… Je fermerai les yeux pour cette fois-ci ! Pour soigner le look de la tartine, pensez à la « green touch » : des câpres espagnoles ou quelques feuilles de roquette.

Parenthèse estivale

« Feta, pignons de pin et menthe : le régime crétois n'est pas très loin ! »

Temps de préparation :
10 minutes

Temps de cuisson :
2 minutes

Ingrédients pour 4 personnes :

4 tranches de pain grillé Pelletier à la farine de froment
150 g de feta
100 g de fromage frais à tartiner
75 g de pignons de pin + un peu pour la décoration
1 bouquet de menthe
1 cuillerée à soupe de crème fraîche épaisse
Poivre

- Torréfiez les pignons de pin (voir « Le plus de Fred »).
- Hachez les feuilles de menthe mais réservez-en quelques-unes pour la décoration.
- Dans un saladier, écrasez la feta à la fourchette.
- Ajoutez la pâte à tartiner fromagère, les pignons et la menthe. Poivrez et mélangez. Assouplissez le mélange avec un peu de crème fraîche et poivrez à nouveau.
- Tartinez généreusement les tranches de pain grillé.
- À l'aide d'une paire de ciseaux, ciselez les feuilles de menthe restantes.
- Parsemez les tartines de pignons et décorez-les de menthe.

Le plus de Fred

Pour torréfier des pignons de pin, rien de plus simple ! Passez-les 5 à 6 minutes dans un four préchauffé à 180 °C (th. 6), jusqu'à ce qu'ils soient tout dorés.

Quiche-croque vert

« Vous allez dire : quoi, une quiche ? Eh bien, testez-la ! »

Temps de préparation :
10 minutes

Temps de cuisson :
15 minutes

Ingrédients pour 4 personnes :

4 tranches de pain grillé Pelletier campagne aux 6 céréales
4 œufs
4 cuillerées à soupe bombées de mascarpone
2 cuillerées à soupe bombées d'emmenthal râpé
2 cuillerées à soupe bombées de ciboulette, de persil, d'estragon et de coriandre hachés
Sel et poivre

- Préchauffez le four à 180 °C (th. 6).
- À l'aide d'un pinceau trempé dans l'eau, humidifiez les bords des tartines pour qu'elles ne brûlent pas, puis déposez-les dans un plat allant au four.
- Dans un saladier, mélangez les œufs avec le mascarpone.
- Incorporez les herbes, salez et poivrez. Mélangez bien.
- Étalez cette préparation sur les tartines de pain grillé et parsemez d'emmenthal râpé.
- Enfournez 15 minutes jusqu'à ce que le dessus soit tout doré.
- Régalez-vous sans attendre.

Le plus de Fred

Variez les plaisirs au fil des saisons ! Pour une version plus estivale, choisissez du basilic et de la menthe.

Nostalgie ibérique

« Manchego + pâte de coings = un mariage de goût qui me tient à cœur ! »

Temps de préparation :
1 minute

Sans cuisson

Ingrédients pour 4 personnes :

4 tranches de pain grillé Pelletier à la farine de froment
16 fines tranches de Manchego (200 g environ)
16 tranches de pâte de coings

- Sur chaque tartine, alternez 4 tranches de fromage avec 4 tranches de pâte de coings.
- Fermez les yeux et savourez cette micro-sieste…

Le plus de Fred

Idée d'ersatz : troquez le Manchego contre du cantal de Salers et la pâte de coings contre de la confiture de cerises. Un verre de cidre ou de jus de pomme en accompagnement conviendra à merveille.

Bruschetta aux fèves et à la mozzarella

« Le titre parle de lui-même… Un vrai bonheur pour les yeux, un plaisir pour le palais ! »

Temps de préparation :
10 minutes

Temps de cuisson :
8 minutes

Ingrédients pour 4 personnes :

4 tranches de pain grillé Pelletier à la farine de blé complet
400 g de fèves pelées*
16 mozzarellines (petites boules de mozzarella)
2 cuillerées à soupe bombées de parmesan râpé + un peu pour la décoration
4 gousses d'ail
Le zeste de 1 citron jaune
2 cuillerées à soupe bombées de basilic haché + quelques feuilles pour la décoration
2 cuillerées à soupe bombées de crème fraîche épaisse
8 cuillerées à café d'huile d'olive
Sel et poivre

- Mettez de l'eau à bouillir dans une casserole.
- Faites cuire les fèves 8 minutes, puis plongez-les dans l'eau froide afin d'arrêter la cuisson. Égouttez-les.
- Écrasez-les à l'aide d'une fourchette.
- Ajoutez le parmesan, le basilic et la crème. Salez, poivrez et mélangez.
- Frottez chaque tranche de pain grillé avec 1/2 gousse d'ail et arrosez-les chacune de 1 cuillerée à café d'huile d'olive.
- Répartissez la purée de fèves dessus.
- Disposez 4 mozzarellines sur chaque tranche et arrosez-les du reste d'huile d'olive. Salez et poivrez.
- Parsemez de zeste de citron et de parmesan râpé, et décorez de basilic ciselé.

Le plus de Fred

*Optez pour des fèves surgelées déjà pelées, vous gagnerez un temps fou !

Tartine nordik

« Avocats, pamplemousses et crevettes : frais, simple et élégant…
La scandinavian touch ! »

TEMPS DE PRÉPARATION :
10 minutes

SANS CUISSON

INGRÉDIENTS POUR 4 PERSONNES :

4 tranches de pain grillé Pelletier à la farine de froment
50 petites crevettes roses décortiquées surgelées
2 pamplemousses roses
2 avocats
Le jus de 2 citrons verts
1/2 cuillerée à café de curry en poudre
4 cuillerées à soupe bombées de mayonnaise
4 cuillerées à café d'huile d'olive
Sel et poivre

- Mélangez la mayonnaise avec le curry et étalez-la sur les tranches de pain grillé.
- Pelez les avocats, coupez-les en très fines lamelles et répartissez-les sur les tartines.
- Pelez à vif les pamplemousses, dégagez les quartiers et disposez-les sur l'avocat.
- Ajoutez une douzaine de crevettes sur chaque tartine.
- Arrosez de jus de citron et d'huile d'olive.
- Salez, poivrez et servez.

Le plus de Fred

Rappel de base : pour réaliser une mayonnaise, mélangez à l'aide d'un fouet 1 jaune d'œuf et 1 cuillerée à café bombée de moutarde. Ajoutez petit à petit de l'huile de tournesol jusqu'à l'obtention de la consistance souhaitée, salez et poivrez.

Thaï tartine

« La liste des ingrédients vous paraît longue ? Il s'agit d'un voyage express à Bangkok qui ne se refuse pas ! »

Temps de préparation : 30 minutes
Temps de cuisson : 10 minutes
Ingrédients pour 4 personnes :
4 tranches de pain grillé Pelletier à la farine de blé complet
2 blancs de poulet de 120 g chacun
1 poignée de graines de sésame

Pour la marinade
1 cuillerée à café bombée de gingembre frais râpé
1 cuillerée à soupe de sauce soja
1 cuillerée à soupe bombée de sucre en poudre
2 cuillerées à soupe d'huile d'olive
1 cuillerée à café d'huile de sésame

Pour la salade d'herbes
1 bouquet de coriandre, de menthe, d'aneth et de ciboulette

Pour la vinaigrette
Mêmes ingrédients que pour la marinade (sans l'huile de sésame) :
+ le jus de 1 citron vert et 1 cuillerée à soupe de vinaigre de riz

- Dans un saladier, mélangez tous les ingrédients de la marinade et faites-y macérer les blancs de poulet pendant 30 minutes.
- Pendant ce temps, torréfiez les graines de sésame en les faisant revenir à sec dans une poêle à feu doux, jusqu'à ce qu'elles soient dorées.
- Effeuillez la menthe et la coriandre ; ciselez l'aneth et la ciboulette.
- Dans une poêle antiadhésive, faites cuire les blancs de poulet égouttés 10 minutes à feu moyen, en les retournant régulièrement. Coupez-les en fines lamelles.
- Mélangez tous les ingrédients de la vinaigrette, puis incorporez le poulet et les herbes.
- Mélangez bien et dressez sur les tranches de pain grillé.

Le plus de Fred

Certes, une visite dans une épicerie asiatique s'impose. Mais rassurez-vous, cette tartine sera tellement plébiscitée que vous aurez très vite l'occasion de remettre en scène les condiments achetés.

Légumes d'été confits sur canapé

« Toute l'Italie disposée sur une tartine ! »

Temps de préparation :
15 minutes

Temps de cuisson :
30 minutes

Ingrédients pour 4 personnes :

4 tranches de pain grillé Pelletier
à la farine de blé complet
20 tomates cerises en branches
1 petite botte d'asperges vertes
2 petites courgettes
2 trévises
1 bulbe de fenouil
2 gousses d'ail hachées
Le zeste râpé de 1 citron jaune
1 cuillerée à soupe bombée
de romarin haché
4 cuillerées à soupe d'huile d'olive
Sel et poivre

- Préchauffez le four à 200 °C (th. 6/7).
- Sans les peler, coupez les courgettes en tagliatelles à l'aide d'un économe.
- Émincez le fenouil.
- Coupez les trévises en quatre dans le sens de la hauteur.
- Déposez tous les légumes sur la lèchefrite du four avec l'ail et le romarin.
- Parsemez les légumes de zeste de citron et arrosez-les d'huile d'olive. Salez et poivrez.
- Enfournez pendant 20 minutes jusqu'à ce qu'ils soient légèrement grillés.
- Dressez un peu de chaque légume sur les tranches de pain grillé.
- Arrosez du jus de cuisson.
- Dégustez aussitôt.

Le plus de Fred

Aubergines, pois gourmands, haricots verts, poivrons… Laissez-vous guider par vos envies.

Tapas danoise

« Le truc qui tue ! Sur du pain grillé doré au four et parfumé à l'aneth, une superposition de saumon fumé, de chantilly au wasabi et d'œufs de saumon. »

Temps de préparation :
15 minutes

Temps de cuisson :
5 minutes

Ingrédients pour 4 personnes :

4 toasts briochés Pelletier
2 petites tranches de saumon fumé
1 petite boîte d'œufs de saumon
1 cuillerée à soupe bombée de mascarpone
1 cuillerée à café rase de wasabi
2 citrons verts
1 bouquet d'aneth haché + quelques brins pour la décoration
20 cl de crème liquide entière
2 cuillerées à soupe d'huile d'olive
Sel et poivre

- Préchauffez le four à 180 °C (th. 6).
- Mélangez l'huile d'olive avec l'aneth. Salez et poivrez.
- Badigeonnez les toasts briochés de cette préparation et enfournez pendant 5 minutes.
- Mélangez la crème liquide avec le mascarpone et le wasabi, puis fouettez jusqu'à l'obtention d'une chantilly. Réservez-la au réfrigérateur.
- Au moment de servir, déposez 1/2 tranche de saumon sur chaque toast.
- Ajoutez une noix de chantilly et terminez par 1 cuillerée à café d'œufs de saumon.
- Accompagnez chaque tartine de 1/2 citron vert que chacun pressera à sa convenance.
- Un dernier brin d'aneth au top et c'est toute l'élégance danoise dans votre assiette.

Le plus de Fred

En version luxe, remplacez les œufs de saumon par du caviar…

Mon B.L.T.

« Prononcez " bi-el-ti ". Composé de Bacon, Laitue et Tomate, c'est un classique new-yorkais, librement revisité par mes soins en version européenne et ensoleillée ! »

Temps de préparation :
10 minutes

Sans cuisson

Ingrédients pour 4 personnes :

4 tranches de pain grillé Pelletier à la farine de froment
20 tranches de coppa très fines
100 g de tomates confites (en conserve)
4 poignées de roquette
30 g de parmesan en copeaux
1 petit pot de pesto au basilic
4 cuillerées à café de vinaigre balsamique
4 cuillerées à soupe d'huile d'olive
Sel et poivre

- Tartinez les tranches de pain grillé de pesto.
- Emmaillotez 5 brins de roquette dans chaque tranche de coppa en formant un cornet.
- Glissez-y 1 tomate confite et 1 copeau de parmesan.
- Disposez 5 cornets sur chaque tranche de pain grillé.
- Salez, poivrez et arrosez d'un filet d'huile d'olive et de vinaigre balsamique.

Le plus de Fred

Pour réaliser un pesto « home made », mixez 1 bouquet de basilic avec 1 gousse d'ail et 1 poignée de pignons de pin torréfiés (voir Parenthèse estivale, p. 18), puis ajoutez de l'huile d'olive jusqu'à l'obtention de la consistance souhaitée.

Pommes au four

« Trop bon ! Ne comptez pas sur moi pour être objectif : c'est la recette de ma maman ! »

TEMPS DE PRÉPARATION :
15 minutes

TEMPS DE CUISSON :
25 minutes

INGRÉDIENTS POUR 4 PERSONNES :

4 toasts briochés Pelletier
4 pommes type granny smith
4 bâtons de cannelle
10 cl de calvados
60 g de sucre roux en poudre
40 g de beurre demi-sel ramolli
+ 20 g pour le plat

- Préchauffez le four à 200 °C (th. 6/7).
- Pelez les pommes, évidez-les et badigeonnez-les de beurre à l'aide d'un pinceau.
- Roulez-les dans le sucre.
- Beurrez le fond d'un plat allant au four.
- Arrosez les toasts de calvados et déposez-les dans le plat.
- Posez 1 pomme sur chacun et glissez 1 bâton de cannelle à l'intérieur que vous aurez préalablement passé sous un filet d'eau, afin de l'humidifier.
- Enfournez pendant 25 minutes.
- Dégustez chaud ou tiède.

Le plus de Fred

La granny smith a l'avantage d'être acidulée et de se tenir à la cuisson. À défaut, prenez des reinettes.

Belle-Hélène relookée

« Voici l'occasion de remettre au goût du jour un dessert top 70's… version Fred, bien sûr ! »

TEMPS DE PRÉPARATION : 30 minutes
TEMPS DE CUISSON : 30 minutes
INGRÉDIENTS POUR 4 PERSONNES :
4 tranches de pain grillé Pelletier à la farine de froment
2 grosses poires (ou 4 petites) pas trop mûres
100 g de chocolat noir à pâtisser
100 g de chocolat au lait et au riz soufflé concassé
1 bonne poignée de caramels durs finement concassés
Le jus de 1 citron jaune
1 cuillerée à soupe bombée de mascarpone
30 cl de crème liquide entière
100 g de sucre en poudre + 1 cuillerée à soupe
2 cuillerées à soupe bombées de sucre glace
20 g de beurre

- Préchauffez le four à 210 °C (th. 7).
- Dans une grande casserole, portez à ébullition 1 litre d'eau avec le jus de citron et 100 g de sucre.
- Pelez les poires, coupez-les en deux et ôtez le cœur. Plongez-les dans le sirop, baissez le feu et laissez mijoter 15 minutes.
- Coupez le feu, laissez-les reposer 10 minutes dans le sirop, puis égouttez-les délicatement.
- Dans une casserole, faites fondre le beurre à feu doux. À l'aide d'un pinceau, badigeonnez les tranches de pain grillé de beurre fondu. Saupoudrez de sucre glace et enfournez 4 minutes.
- Montez en chantilly 20 cl de crème liquide avec le mascarpone, en ajoutant 1 cuillerée à soupe de sucre au début. Ajoutez les morceaux de chocolat au lait et de caramels.
- Coupez les poires en lamelles et disposez-les sur le pain grillé. Recouvrez de chantilly.
- Dans une casserole, faites fondre le chocolat noir à feu très doux, puis mélangez-le au reste de crème liquide.
- Arrosez les tartines de sauce au chocolat par petites touches.
- Dégustez aussitôt.

Le plus de Fred

Pour une chantilly réussie du premier coup, mettez la crème liquide au congélateur 10 minutes avant de la monter.

Figues rôties à l'italienne

« Ce dessert d'influence italienne saura réchauffer vos après-midi si l'été indien n'est pas au rendez-vous.»

TEMPS DE PRÉPARATION :
10 minutes

TEMPS DE CUISSON :
15 minutes

INGRÉDIENTS POUR 4 PERSONNES :

4 tranches de pain grillé Pelletier aux 6 céréales
4 figues fraîches
250 g de mascarpone
1 poignée de noisettes concassées
1 poignée de raisins blonds secs
1 poignée d'amandes effilées
4 cuillerées à soupe bombées de miel liquide
10 cl d'amaretto
20 g de beurre

- Préchauffez le four à 210 °C (th. 7).
- À l'aide d'un pinceau, badigeonnez le pain grillé de la moitié de l'amaretto.
- Beurrez un plat allant au four et déposez-y les tranches de pain grillé.
- Ouvrez les figues en croix et posez-les dessus.
- Mélangez le mascarpone avec le reste d'amaretto et la moitié des noisettes, des raisins, des amandes et du miel.
- Remplissez les figues de cette préparation.
- Répartissez sur le dessus le reste de noisettes, de raisins, d'amandes et de miel.
- Enfournez pendant 15 minutes.
- Servez chaud.

Le plus de Fred

Avec des abricots, c'est également délicieux.

Chèvre frais et melon caramélisé

« Attendez-vous à en dérouter plus d'un, pour, au final, tous les conquérir ! »

Temps de préparation :
10 minutes

Temps de cuisson :
25 minutes

Ingrédients pour 4 personnes :

4 tranches de pain grillé Pelletier à la farine de froment
2 pots de chèvre frais
1 melon
Le zeste de 1 citron jaune
Quelques feuilles de menthe
2 cuillerées à soupe de vin cuit (type banyuls ou porto)
2 cuillerées à soupe bombées de sucre glace
100 g de sucre en poudre + 2 cuillerées à soupe
60 g de beurre
Le jus d'1/2 citron

- Préchauffez le four à 210 °C (th. 7).
- Faites fondre 20 g de beurre dans une casserole.
- À l'aide d'un pinceau, badigeonnez les tranches de pain grillé de beurre fondu.
- Saupoudrez-les de sucre glace et enfournez 4 minutes.
- Pendant ce temps, coupez le melon en deux, retirez les graines et prélevez des billes à l'aide d'une cuillère parisienne.
- Mixez le chèvre avec 2 cuillerées à soupe de sucre et le zeste de citron.
- Dans une casserole, faites chauffer le reste de beurre avec 100 g de sucre jusqu'à ce que le mélange caramélise.
- Ajoutez le vin et le jus de citron. Mélangez.
- Tartinez le pain grillé de la préparation au chèvre et répartissez les billes de melon.
- Nappez de sirop, décorez de feuilles de menthe et servez sans attendre.

Le plus de Fred

Les billes de melon existent déjà toutes prêtes au rayon « surgelés ».

Clafoutis aux griottes

« Un clafoutis avec du pain grillé ? L'essayer c'est l'adopter ! »

Temps de préparation :
15 minutes

Temps de cuisson :
25 minutes

Ingrédients pour 4 personnes :

4 tranches de pain grillé Pelletier à la farine de froment
200 g de griottes surgelées dénoyautées
2 jaunes d'œufs
1 gousse de vanille
1 cuillerée à soupe bombée de pistaches concassées
1 cuillerée à soupe de kirsch, de rhum ou de calvados
5 cl de lait
20 cl de crème liquide
50 g de sucre en poudre

- Préchauffez le four à 210 °C (th. 7).
- Fendez la gousse de vanille en deux dans la longueur et prélevez les graines.
- Fouettez les jaunes d'œufs avec le sucre et les graines de vanille jusqu'à l'obtention d'un mélange mousseux.
- Ajoutez la crème et le lait tout en fouettant. Versez le kirsch et mélangez.
- Trempez 2 tranches de pain grillé dans cette préparation et déposez-les dans un plat allant au four, préalablement beurré.
- Trempez les deux autres tranches de pain grillé et disposez-les sur les deux premières.
- Répartissez les griottes sur les deux clafoutis et enfournez pendant 25 minutes.
- Parsemez de pistaches concassées.
- Coupez chaque clafoutis en deux et servez-les chauds ou tièdes, à votre convenance…

Le plus de Fred

Des griottes surgelées (non décongelées) : voilà le secret pour obtenir au final des fruits très peu altérés par la chaleur du four.

Tartine mimosa

« Ne cherchez pas plus loin, il s'agit bien d'œufs mimosa customisés version tartine. Un de mes plats fétiches quand j'étais petit. Également mon surnom de l'époque. Nostalgie, quand tu nous tiens… »

Temps de préparation :
5 minutes

Temps de cuisson :
10 minutes

Ingrédients pour 4 personnes :

4 tranches de pain grillé Pelletier à la farine de froment
1 boîte de thon au naturel de 200 g
4 œufs
2 cuillerées à soupe bombées de mayonnaise (voir Tartine nordik page 26)
1 cuillerée à soupe bombée de ciboulette ciselée
1 filet de vinaigre

- Mettez de l'eau à bouillir dans une casserole avec le vinaigre.
- Faites-y durcir les œufs 10 minutes, puis plongez-les 5 minutes dans l'eau froide afin d'arrêter la cuisson.
- Écalez-les et ne conservez que les jaunes.
- Égouttez le thon, émiettez-le et mélangez-le à la mayonnaise.
- Tartinez les tranches de pain grillé de cette préparation.
- À l'aide d'une râpe moulinette, râpez les jaunes d'œufs et répartissez-les sur les tartines.
- Parsemez de ciboulette et dégustez.

Le plus de Fred

Si vous ne disposez pas de râpe moulinette, passez les jaunes au mixeur pour les réduire en poudre.

Dips de sardines aux câpres et aneth

« Un beurre de sardines vraiment pas comme les autres. À vous de juger ! »

Temps de préparation :
5 minutes

Sans cuisson

Ingrédients pour 4 personnes :

4 tranches de pain grillé Pelletier
à la farine de froment
1 boîte de sardines à l'huile d'olive
100 g de fromage frais à tartiner
1 cuillerée à soupe bombée de
câpres + un peu pour la décoration
1 cuillerée à soupe bombée d'aneth
haché + quelques brins
pour la décoration

- Égouttez les sardines et retirez l'arête centrale.
- À l'aide d'une fourchette, écrasez-les avec la pâte à tartiner fromagère.
- Hachez grossièrement les câpres. Incorporez-les au mélange sardines-fromage avec l'aneth.
- Tartinez les tranches de pain grillé de cette préparation et décorez de câpres et d'aneth ciselé.
- Attendez 5 minutes avant de trancher les tartines en mouillettes.

Le plus de Fred

Avec des filets de maquereaux en conserve, c'est tout aussi divin…

Pissaladière

« Recette familiale de mon amie Dany-de-Saint-Trop' : oignons, anchois, olives noires… il ne manque rien ! »

TEMPS DE PRÉPARATION :
10 minutes

TEMPS DE CUISSON :
15 minutes

INGRÉDIENTS POUR 4 PERSONNES :

4 tranches de pain grillé Pelletier campagne aux 6 céréales
12 anchois
12 olives noires dénoyautées
4 oignons doux de taille moyenne
1 cuillerée à soupe bombée de parmesan râpé
4 cuillerées à soupe d'huile d'olive
Sel et poivre

- Préchauffez le four en position gril.
- À l'aide d'un pinceau trempé dans l'eau, humidifiez les bords des tartines pour qu'elles ne brûlent pas.
- Émincez les oignons. Dans une sauteuse, faites-les revenir avec l'huile d'olive 10 minutes à feu moyen. Salez, poivrez.
- Répartissez les oignons sur les tranches de pain grillé.
- Décorez d'anchois et d'olives, parsemez de parmesan et enfournez 5 minutes.
- Dégustez chaud.

Le plus de Fred

Pour gagner du temps, préparez les tartines à l'avance et enfournez-les au dernier moment.

Devinez ce que c'est ?

« Je vous jure, c'est succulent ! »

Temps de préparation :
1 minute

Sans cuisson

Ingrédients pour 4 personnes :

4 tranches de pain grillé Pelletier
à la farine de blé complet
1 boîte de foies de morue de 120 g
Le jus de 1 citron jaune
1 cuillerée à soupe bombée
de baies roses concassées
1 cuillerée à soupe bombée
de ciboulette ciselée

- Égouttez les foies de morue et tartinez-en les tranches de pain grillé.
- Arrosez de jus de citron.
- Parsemez de baies roses et de ciboulette.
- Attendez 5 minutes avant de trancher les tartines en mouillettes.

Le plus de Fred

Levez le mystère de la recette après l'avoir fait déguster à vos invités, sous peine d'en voir plus d'un se défausser…

Tartine d'Aladin

« Apprise à Istanbul, dans la pure tradition des mezzés.
Buvez un raki et bienvenue sur les bords du Bosphore ! »

Temps de préparation :
10 minutes

Temps de cuisson :
35 minutes

Ingrédients pour 4 personnes :

4 tranches de pain grillé Pelletier au sésame
2 grosses aubergines (ou 4 petites)
1 gousse d'ail grossièrement hachée
1 grosse poignée de cerneaux de noix concassés
1/2 bouquet de persil haché
3 cuillerées à soupe d'huile d'olive
Sel et poivre

- Coupez les aubergines en deux dans la longueur et passez-les 35 minutes environ sous le gril du four, en les retournant une fois en cours de cuisson.
- Pendant ce temps, mettez à chauffer l'huile d'olive dans une poêle et faites-y dorer l'ail 30 secondes.
- Filtrez l'huile à l'aide d'un tamis. Réservez.
- Sortez les aubergines du four (elles doivent être bien brûlées !). Récupérez la chair à l'aide d'une cuillère, épongez-la et hachez-la au couteau.
- Incorporez l'huile parfumée à l'ail. Mélangez et laissez refroidir.
- Ajoutez les noix et le persil. Salez, poivrez et mélangez.
- Tartinez les tranches de pain grillé et servez aussitôt.

Le plus de Fred

Le caviar d'aubergine est encore meilleur lorsqu'il est froid et que le pain grillé a été légèrement réchauffé. Pour vous simplifier la vie, sachez qu'il en existe d'excellents en conserve (ajoutez cependant l'huile d'olive parfumée à l'ail, le persil et les noix).

Foie gras poêlé sur asperges rôties

« Voilà enfin un bon moyen de se débarrasser des sempiternelles pommes poêlées en accompagnement du foie gras… »

Temps de préparation :
15 minutes

Temps de cuisson :
5 minutes

Ingrédients pour 4 personnes :

4 tranches de pain grillé Pelletier au sésame
200 g de foie gras de canard cru
2 cuillerées à soupe bombées de farine
Sel et poivre

Pour les asperges

1 botte d'asperges vertes
Le zeste de 1 citron jaune
2 cuillerées à soupe d'huile d'olive
Fleur de sel et poivre

- Préchauffez le four à 210 °C (th. 7).
- Coupez le foie gras en tranches de 1 cm d'épaisseur, farinez-les et réservez-les au congélateur.
- Pendant ce temps, déposez les asperges sur la lèchefrite du four. Recouvrez de zeste de citron et d'huile d'olive. Salez et poivrez.
- Enfournez pendant 12 à 15 minutes, jusqu'à ce que les pointes soient dorées et croustillantes.
- Répartissez les asperges rôties sur les tranches de pain grillé.
- Mettez à chauffer une poêle antiadhésive et faites-y dorer les tranches de foie gras 30 secondes de chaque côté.
- Disposez les escalopes de foie gras sur les asperges.
- Donnez un tour de moulin à poivre et, si vous le souhaitez, arrosez les tartines d'une réduction de vinaigre balsamique (voir « Le plus de Fred »).
- Salez à la fleur de sel et servez aussitôt.

Le plus de Fred

Pour la réduction de vinaigre balsamique, mélangez 3 cuillerées à soupe de vinaigre balsamique avec 1 cuillerée à soupe de sucre en poudre. Portez à ébullition et laissez réduire jusqu'à l'obtention d'un mélange sirupeux.

Canard à l'anglaise

« Mettez de côté vos a priori sur la cuisine anglaise. C'est beau et bon, un point c'est tout ! »

TEMPS DE PRÉPARATION :
10 minutes

TEMPS DE CUISSON :
10 minutes

INGRÉDIENTS POUR 4 PERSONNES :

4 tranches de pain grillé Pelletier à la farine de blé complet
20 tranches de magret de canard fumé
400 g de petits pois surgelés
1 bouquet de menthe
2 cuillerées à soupe bombées de crème fraîche épaisse
Sel et poivre

- Effeuillez la menthe et ciselez-la en réservant 20 feuilles pour la décoration.
- Faites bouillir de l'eau dans une marmite et jetez-y les petits pois. Lorsqu'ils remontent à la surface, égouttez-les et mixez-les.
- Incorporez la crème fraîche et la menthe. Salez, poivrez et mélangez bien.
- Tartinez les tranches de pain grillé de cette purée à la menthe.
- Mettez à chauffer une poêle à feu vif et faites-y revenir les tranches de magret 1 minute de chaque côté.
- Disposez 5 tranches de magret sur chaque tartine et décorez de feuilles de menthe.

Le plus de Fred

À défaut de magret de canard fumé, optez pour de la poitrine fraîche fumée que vous ferez revenir à la poêle de la même façon. Pour une version encore plus raffinée, faites confire les feuilles de menthe réservées : mettez à chauffer 4 cuillerées à soupe d'huile dans une poêle et faites frire les feuilles de menthe jusqu'à ce qu'elles deviennent translucides.

Comfort food

« Voilà LE remède au petit spleen du dimanche soir… »

TEMPS DE PRÉPARATION :
15 minutes

TEMPS DE CUISSON :
25 minutes

INGRÉDIENTS POUR 4 PERSONNES :

4 tranches de pain grillé Pelletier à la farine de blé complet
12 tranches de poitrine fumée
400 g de petites pommes de terre rattes de Noirmoutier
1 reblochon
1 cuillerée à soupe bombée de thym
20 g de beurre
Sel et poivre

- Préchauffez le four en position gril.
- Mettez les pommes de terre non épluchées dans une casserole d'eau froide, portez à ébullition et laissez cuire 10 minutes.
- Pendant ce temps, coupez la poitrine fumée en allumettes. Dans une sauteuse, faites-les dorer à feu très doux jusqu'à ce qu'elles soient confites. Réservez.
- Égouttez les pommes de terre et, sans les peler, coupez-les en fines rondelles.
- Faites fondre le beurre dans une casserole. À l'aide d'un pinceau trempé dans l'eau, humidifiez les bords des tartines pour qu'elles ne brûlent pas, puis badigeonnez le centre de beurre fondu.
- Répartissez les rondelles de pommes de terre sur les tranches de pain grillé, salez et poivrez.
- Coupez le reblochon en tranches et déposez-les sur les tartines. Faites-les gratiner 6 à 8 minutes sous le gril du four.
- Disposez les copeaux de poitrine confite et parsemez de thym.

Le plus de Fred

Accompagnez ce plat d'une salade romaine assaisonnée d'une vinaigrette à la moutarde à l'ancienne.

Saint-Jacques Orient-Express

« Tartine très orientale ! Ce plat d'influence thaï saura émerveiller vos amis. »

Temps de préparation : 20 minutes
Temps de cuisson : 3 minutes
Ingrédients pour 4 personnes :
4 tranches de pain grillé Pelletier à la farine de froment
12 noix de Saint-Jacques
4 tiges de citronnelle épluchées
1 cuillerée à café de paprika
4 cuillerées à café d'huile d'olive
Fleur de sel
Pour le hoummos
1 petite boîte de pois chiches
1 gousse d'ail
1/2 bouquet de coriandre
Le jus de 1 citron vert
1 cuillerée à soupe bombée de crème fraîche épaisse entière
1 cuillerée à soupe d'huile d'olive
Sel et poivre
Pour la sauce
1 gousse d'ail finement hachée
Le jus de 3 citrons verts
Le zeste de 1 citron vert
1 cuillerée à soupe bombée de sucre en poudre
5 cuillerées à soupe d'huile d'olive

- Rincez les pois chiches, égouttez-les et mixez-les avec tous les autres ingrédients du hoummos.
- Mélangez tous les ingrédients de la sauce et réservez.
- Piquez 4 noix de Saint-Jacques sur chaque tige de citronnelle. Saupoudrez de paprika et arrosez d'huile d'olive.
- Mettez à chauffer une poêle antiadhésive à feu vif et faites-y revenir les brochettes 1 minute 30 de chaque côté.
- Tartinez les tranches de pain grillé de hoummos et disposez 1 brochette sur chacune.
- Déglacez la poêle avec la sauce réservée, laissez réduire jusqu'à l'obtention d'une consistance sirupeuse, puis versez sur les brochettes.
- Salez à la fleur de sel et servez sans attendre.

Le plus de Fred

Recyclez la recette du hoummos à la coriandre et au citron vert pour vos cocktails et buffets : en dip avec du pain grillé, c'est parfait !

Tartine explosive

« Ici, on joue dans la cour de l'originalité et de la surprise. Attention, les papilles vont en prendre un coup ! »

TEMPS DE PRÉPARATION :
15 minutes

TEMPS DE CUISSON :
8 minutes

INGRÉDIENTS POUR 4 PERSONNES :

4 tranches de pain grillé Pelletier à la farine de froment
2 mangues pas trop mûres
2 crottins de Chavignol
4 cuillerées à café d'huile d'olive

POUR LA SALSA CHILI/LIME

1/2 piment rouge épépiné et finement haché
Le jus de 1 citron vert
1 cuillerée à soupe de sucre en poudre
2 cuillerées à soupe d'huile d'olive
Sel et poivre

- Préchauffez le four en position gril.
- À l'aide d'un pinceau trempé dans l'eau, humidifiez les bords des tartines pour qu'elles ne brûlent pas, puis badigeonnez le centre d'huile d'olive.
- Épluchez les mangues et taillez-les en fines lamelles.
- Coupez les fromages de chèvre en tranches fines.
- Disposez les tranches de mangue et de chèvre sur le pain grillé en les alternant.
- Faites gratiner 6 à 8 minutes sous le gril du four.
- Pendant ce temps, mélangez tous les ingrédients de la salsa.
- Arrosez les tartines de salsa et servez sans attendre.

Le plus de Fred

Une salade de jeunes pousses d'épinards accompagnera à merveille ce plat. Revisitez cette recette en remplaçant les mangues par des poires, et le chèvre par du bleu de Bresse…

Index

… et craquez aussi pour

Édition : Barbara Sabatier - Maquette : Natacha Marmouget - Relecture : Armelle et Bernard Heron
N° d'édition : M09063 - ISBN : 9782842705879
Photogravure : IGS
Achevé d'imprimer en mars 2009 par Zanardi - Italie
Dépôt légal : Mai 2006 - Edition N°2